Para:

De:

D0965655

Dirección de arte: Trinidad Vergara
Diseño: Renata Biernat

Ilustraciones: ©Superstock

Fotocromía: DTP Ediciones, Buenos Aires, Argentina

© 2001, Vergara & Riba Editoras

ARGENTINA: Arenales 1239 PB 3 - C1061AAK Buenos Aires
Tel/Fax (54-11) 4816-3791 / e-mail: editoras@vergarariba.com.ar

MÉXICO: Galileo 100, Colonia Polanco - México DF 11560
Tel/Fax (52) 5220-6620/6621 - e-mail: editoras@vergarariba.com.mx

ISBN: 987-9338-13-8

Impreso en Gráfica Melhoramentos

Printed in Brazil

Julio de 2001

Vocación de enseñar

Un homenaje

Lidia María Riba

Vergara & Riba
Editoras

Estás frente a la clase

Tal vez éste no sea tu mejor día; hay alguien enfermo en tu familia y has descansado poco. Te amenaza un ligero dolor de cabeza. Te frotas los ojos y empiezas a hablar. El tema de hoy es interesante y lo conoces bien: pasaste varias horas preparándolo...

Despacio, te paseas entre tus alumnos. A medida que vas desarrollando las ideas, el entusiasmo se acentúa en tu voz y en los gestos de tus manos. Varios de tus alumnos han comenzado a tomar nota de tus palabras; ves que uno se inclina para escucharte mejor; la mirada alerta de otros te habla de su interés. El más inquisitivo te hace una pregunta y le contestas profundizando aún más los conceptos.

El tiempo parece volar y tu dolor de cabeza ha desaparecido. A causa de tus propuestas se inicia un debate; intervienes aclarando, moderando, dirigiendo sus inquietudes. De pronto, suena el timbre. Ninguno de tus alumnos se mueve; uno de ellos, casi en puntas de pie, va hacia la puerta y la cierra. Tus palabras apasionadas los han fascinado. Quieren saber más.

No, esto no ocurre todos los días. Pero, basta que suceda una sola vez para que compruebes que sigue en ti, intacta, fuerte, invalorable.

Tu profunda vocación de enseñar.

Rudyard Kipling, Sir Edward Burne-Jones

Aquellos maestros diferentes

Todos los alumnos aprendimos -quizás un poco tarde- a valorar a aquellos maestros que nos abrían las puertas del mundo, a pesar de un entorno académico cerrado que, muchas veces, no compartía sus ideas.

Eran los contestatarios, los que rechazaban las reglas, los que rompían los moldes preestablecidos. Casi cómplices, nos enseñaban que había un modo diferente de ver las cosas, que no todo lo que parecía sagrado lo era... Nos proponían dudar, cuestionar, nos alentaban a ponernos de pie.

Desde aquí les expresamos nuestro reconocimiento y les pedimos perdón. Porque no siempre los comprendimos: la libertad también puede dar miedo. Pero el germen de su decisión de hacernos crecer dio sus frutos. Su recuerdo acude a inspirarnos cuando peleamos por la verdad, cuando nos rebelamos contra la resignación, cuando defendemos una causa justa.

Multitud, Diana Ong

Es el primer día

Y son los más pequeños. Chiquillos revoltosos que no se detienen ni un segundo rodean a la maestra. Ella se da cuenta de que uno llora solo en un rincón alejado; este de aquí le ensució la ropa con las manos untadas de chocolate; esa niñita ya le ha pedido ¿cuántas veces? ir al baño; otra, asustada, no puede ni decirle su nombre.

Danza, Peter Sickles

Una vez más se pregunta por qué no pide el
cambio a un curso de alumnos más grandes.
Año tras año se lo propone y llegado el último día
de clase, se arrepiente. Ella adora cada bandada
de pequeños gorriones que aprenderán a leer
a su lado.

Y año tras año los ve partir... Quisiera retenerlos
pero, justamente, su objetivo es que puedan
abandonarla. Que sus espíritus crezcan libres
y se superen. Ha enseñado ya a tantos...
imposible recordarlos a todos, pero cada uno dejó
algo en ella, que fue -durante ese tiempo- su
segunda madre. En esa entrega, quizás dejó
escapar la oportunidad de tener sus propios hijos.
Hoy ahuyenta de sí una leve sombra de melancolía
y, con palabras amorosas, los va calmando a todos.
La primera clase ha comenzado.

Un sueño compartido

Esta es la historia real de un profesor de Historia Griega que jamás había salido de su ciudad natal. Había dedicado toda su vida a explicar a sus alumnos -curso tras curso- la profundidad del espíritu y la cultura griegos, la búsqueda de la belleza, la pureza de su arte. Pero jamás había visto el Partenón, tan lejano...

Su casa era el viejo y prestigioso colegio; su familia, esos alumnos que aprendían con él la influencia de aquel mundo en donde lo bello era también lo bueno.

Quizás el viejo profesor había dejado de soñar. Pero, un día, sus alumnos adolescentes decidieron soñar por él. Escribieron a un programa de televisión, logrando atraer la atención de los productores sobre el caso de su maestro...

Pudieron, entonces darle esta maravillosa sorpresa: viajaría a Grecia, por fin, y conocería aquello que admiraba desde hacía tantos años.

Aquellos jóvenes no olvidarán jamás las lágrimas conmovidas de su profesor... El habrá sentido que una vida entera entregada a su vocación se justificaba en ese instante de reconocimiento. Y quienes fuimos privilegiados testigos de esa profunda demostración de cariño, de respeto, de admiración, pudimos comprobar -más que nunca- que no todo está perdido.

La palabra es gracias

Gracias por la paciencia de repetir tantas veces esa lección difícil.

Gracias por haber corregido con compasión y urgencia aquellos exámenes de los que dependía nuestra graduación.

Gracias por haber antepuesto siempre la excelencia y la voluntad de transmitir un mundo de ideales, al interés personal, a lo económico y a la gratificación material que dan otras profesiones.

Gracias por comprender que una pena de amor puede ser mucho más importante que la Guerra de los Cien Años.

Gracias por haber dedicado toda aquella hora de descanso a escuchar y aconsejar.

Gracias por haber creído en nosotros a pesar de nosotros mismos.

Y gracias por habernos enseñado, con el ejemplo, que alcanzar el horizonte no es una quimera.

Manzanas, Juan Francisco González

Cualidades

Árbol en flor, Eric Isenburger

La valentía de los maestros de barrios marginales que, muchas veces, se juegan la propia vida para enseñar a sus alumnos que una vida mejor es posible.

La pasión intacta de los profesores que, año tras año, logran entusiasmar a sus alumnos en materias que al principio del curso rechazaban.

La entrega casi religiosa de los maestros de áreas lejanas, que renuncian a las comodidades de la ciudad para compartir la existencia primitiva de comunidades olvidadas.

La sutil intuición del maestro que encuentra siempre algo rescatable en cada alumno, que valora a cada uno por esa capacidad oculta que ha sabido descubrir en su alma.

Y la asombrosa ductilidad de todos los maestros que se multiplican en guías, instructores, compañeros y modelos de sus jóvenes estudiantes.

Maestros de niños especiales

¿Cuánto amor se necesita para intentar algo una y mil veces sin desistir...? ¿Cuánta vocación para festejar cada pequeño logro, por ínfimo que resulte...? Los maestros de esos niños especiales merecen una mención de profundo agradecimiento.

Consejeros de padres angustiados, escuchan, tranquilizan, comprenden. Transforman oscuridad y desaliento en camino y esperanza; poseen llaves mágicas que abren espíritus y mentes. Dadores de una vida mejor y conquistadores incansables de metas imposibles, ellos comparten íntimamente la paternidad de sus niños diferentes.

Página opuesta: Playa de Brighton, Edward Henry Potthast

Recompensas

Una casa lujosa... viajes... el mejor automóvil... No, nada de eso. Las recompensas que premian a un maestro provienen de otra índole.

Un ex-alumno que lo detiene en la calle para decirle que jamás olvidó sus clases y que aquella frase que él repetía fue su inspiración.

La mirada de triunfo de ese estudiante cuando, por fin, ha logrado comprender un concepto difícil.

La mitad de un dulce ofrecido con inmensa ternura por alguien de los primeros años.

El pedido de los alumnos mayores para que los acompañe en el ansiado viaje de estudios.

El respeto que, a veces, se traduce en silencio y muchas otras, en alborotada camaradería.

Ese grupo de estudiantes difíciles que le fue especialmente confiado hace varios años y a los que hoy, con orgullo, ve graduarse.

La pregunta casi tímida de una alumna: *"Quisiera estudiar lo mismo que usted, profesora, ¿qué me aconseja?"*

Recompensas intangibles que sólo pueden ser atesoradas por corazones generosos.

A quien siente la vocación de enseñar pero duda en comenzar esta carrera, a un docente joven que se pregunta si tiene sentido continuar luchando contra tantos obstáculos, un viejo profesor o una maestra de alma le dirían: *Sí, vale la pena.*

Una red casi infinita

La tarea de un maestro parece efímera; apenas ha alcanzado a memorizar el nombre de sus alumnos cuando los ve partir... Mira hacia atrás y se pregunta cuál habrá sido el destino de aquel -*parecía tan frágil y necesitado de cariño*- o la evolución profesional de ese otro -*era tan inteligente y capaz*- sin llegar a conocer la respuesta...

Pero esa red que hilan los buenos maestros se ramifica, se extiende mucho más allá de ellos mismos. El eco de sus palabras se repite, y se multiplica casi hasta el infinito... Quizás no lo sepan, pero son los hacedores del mañana.

Página opuesta: El mar persistente Nº2, O. Louis Guglielmi

Maestros de maestros

Una vez terminada su carrera, el aspirante a maestro eligió a su mentor, el profesor con el cual cursaría su especialidad. Preocupado por su futura actuación frente a un grupo de alumnos, el discípulo, que había leído todos los libros acerca del tema que debía exponer, se presentó ante su maestro pidiéndole orientación. Este no lo abrumó con explicaciones pedagógicas, pero le dio un último, fundamental consejo: *"Viva, conmuévase, profundice su experiencia vital hasta el máximo. Después, enseñe a otros."*

Verano en verde, Sir Edward Burne-Jones

Varios profesores hablaban de sus alumnos. El nombre de uno, rebelde y poco estudioso, suscitó entre ellos comentarios diferentes. Un profesor reflexionó: *"No sé cómo hará para pasar el año..."*

El director -un sabio y respetado maestro de maestros- le contestó: *"Pregúntese más bien cómo hará usted para que pase el año."* El profesor aceptó la lección. Y aquel alumno concluyó esa asignatura con uno de los mejores promedios.

Maestros inolvidables

El que nos exigía, nos pedía lo mejor de nosotros mismos, ese que nos obligaba a investigar mucho más allá de lo estipulado en el programa, enseñándonos que el esfuerzo realizado se convierte en sí en un premio.

El que un día de primavera decidió que valía la pena dar la clase al aire libre, en una plaza, incorporando el sol y la naturaleza a los conceptos fríos y académicos.

Amapolas en Argenteuil (detalle), Claude Monet

La que -fuera de su horario- nos llevaba al teatro, tal vez la primera experiencia para muchos de nosotros. Por la magia, por el sorprendente mundo que abría a nuestra imaginación...

El que -contra todas las reglas disciplinarias- comprendió, perdonó, confió. Y nos dio aquella invalorable segunda oportunidad.

La que era capaz de dejar de lado el plan pre-establecido para comentar una noticia de actualidad que merecía ser analizada. Y nos alentaba a exponer nuestra opinión, desafiándonos a la discusión.

Aquel que se acercaba a sus alumnos cuando percibía que tenían un problema. El que nos preguntaba y se interesaba genuinamente por cada uno de nosotros, ofreciéndonos con generosidad su ayuda.

Exducere

Un buen docente lo es desde el alma, las veinticuatro horas del día, los siete días de la semana. Un maestro busca guiar, orientar, instruir, cuando está frente a su clase, pero también en la calle o durante una conversación intrascendente. Se lo reconoce en cualquier situación; pero no porque imponga su criterio o dé lecciones a todos, sino porque sutilmente lleva al otro a descubrirse, lo conduce hacia adentro de sí mismo hasta que encuentra su respuesta.

Exducere. Traer hacia fuera lo que se halla oculto. Como un antiguo minero, el maestro busca en la mente de sus alumnos hasta encontrar el más puro diamante. Pero entonces, en lugar de quedárselo, lo entrega al mundo, enriqueciéndolo.

Iluminación de los Manuscritos de las Grandes Crónicas de Francia

Mantener viva la esperanza

Festival de los estudiantes, Fulvio Pendini

Esta es la misión más difícil de un maestro del siglo XXI. Enseñar que es posible ir contra la corriente, pensar en el otro, trabajar para mejorar...

Enseñar que la ética y la fidelidad a los ideales no han pasado de moda, que enaltecen al hombre. Enseñar que el arte enriquece el espíritu humano de un modo inviolable, que nada ni nadie podrá quitarnos jamás.

Enseñar que la Tierra nos ha sido prestada, que mañana deberemos entregarla a nuestros hijos y a sus hijos. Que el futuro debe prevalecer sobre lo inmediato.

Porque, a pesar de la corrupción, de la violencia, del desmedido interés individual, alguien -entre todas las opciones vitales- es capaz de elegir ésta: *enseñar*.

"Persevera y triunfarás"

Un alumno que carecía de aptitud para los deportes lo intentaba todo para salvarse de las clases de educación física: se escabullía entre los demás, se ausentaba, se excusaba... Hasta que su profesor se dio cuenta y lo tomó bajo su tutela. Le impuso una meta que -en el primer momento- le pareció inalcanzable. Y le enseñó a entrenarse, a obligarse un poco más cada vez, a exigirse. Hasta que un día glorioso logró hacer lo que su profesor quería. Lo que el alumno mismo había aprendido a querer.

La vida llevaría después a ese alumno muy lejos de los deportes, pero gracias a aquel profesor supo que podía lograr casi cualquier cosa que se propusiera. Con esfuerzo, con constancia y con una cuota indispensable de algo que aquel maestro poseía: fe en él.

Mujer leyendo, Michael Mortimer Robinson

Buscador de talentos

El maestro observa por primera vez a este numeroso grupo de alumnos. Las miradas inquietas le dicen que están preocupados: ¿será bueno, exigente, severo, intolerante, eficiente para trasmitir lo que necesitarán para aprobar su materia?
El sabe que su tarea más importante será buscar en ellos talentos que ni imaginan poseer.

Un alumno, entre todos, será brillante, comprenderá al instante sus explicaciones y le pedirá más. El tendrá que incentivarlo, llevarlo al límite, lograr que su interés no decaiga.

Otros -los más- aceptarán con pasividad lo que les proponga, estudiarán algo para obtener poco, lo indispensable. El tendrá que motivarlos, despertar sus espíritus adormecidos, convertir su asignatura en un desafío.

Otro alumno -tal vez más de uno- no podrá lograrlo, por mucho que se esfuerce. Quizás el maestro intuya quién es desde el primer día, quizás lo comprenda casi al final del curso. Pero tendrá que aceptar que el talento de ese alumno no le está reservado, que será descubierto por otro.

En este primer día, el maestro, buscador de talentos, se da cuenta -una vez más- de cuánto tienen estos alumnos para enseñarle y de que ya es hora de poner manos a la obra.

Un buen libro, Walter Firle

Errores

Entró a clase con un aire diferente aquel día.
Más serio, casi reconcentrado. No se sentó frente
a su escritorio, sino que se acercó a los alumnos.
"Quiero decirles algo respecto de las tareas de ayer."
Todos sabíamos de qué hablaba: el día anterior
habíamos finalizado la clase en medio de arduas
controversias. *"Investigué y me di cuenta de que
estaba equivocado. Les pido perdón; revisaremos
las calificaciones que les di."*

Jamás olvidamos la lección de humildad y
grandeza que nos dio aquel maestro.

La lectura, Ferderico Zandomeneghi

Ser maestro

Ser maestro es un acto de fe. Fe en la posibilidad de cambiar el mundo educando, fe en el individuo, fe en la supremacía de la riqueza intelectual.

Ser maestro es un acto de amor. Porque la entrega de uno mismo está implícita en la tarea, porque se da a manos llenas sin esperar retribución.

Ser maestro es ser un soñador. Creer -más allá de esta época frívola y escéptica- en el espíritu del hombre. Y creer que algún día, al final del camino, podremos entregarle esa antorcha a un discípulo, otro soñador.

Página opuesta: Amanecer en Cayenne, René Magritte

Vocación de enseñar

El maestro de música, que soporta el desorden de una clase no convencional y acepta la indisciplina para conducir pacientemente a los jóvenes hacia la maravilla de los grandes clásicos.

La profesora de literatura que -sin temor al ridículo- recita con fervor y pasión una poesía de amor ante una clase distraída que, despacio, se va silenciando ante las palabras mágicas.

El profesor de deportes que ejerce un delicado equilibrio: entrenar al equipo estrella para ganar el campeonato escolar y no relegar a los otros que sólo cuentan con su entusiasmo.

Los maestros de ciencias que se esfuerzan para convertir el árido desierto del primer día en un territorio que vale la pena explorar.

Todos y cada uno de ellos o ellas son expertos en su asignatura. Pero también -en algún momento- se transformarán en consejeros sentimentales, padres y madres suplentes, detectives, enfermeros, sicólogos, guías espirituales y abogados defensores.

Sencillamente maestros. Maestros por vocación.

La Escuela de Atenas, Rafael

Otros libros para regalar

Te regalo una alegría

Un regalo para el alma

Una pausa para el espíritu

Confía en ti

Todo es posible

Nunca te rindas

Por nuestra gran amistad

La maravilla de la amistad

Seamos siempre amigas

Un regalo para mi hija

Un regalo para mi madre

Para una gran mujer

A mi hermana

Para una mujer muy ocupada

Para una mujer que cree en Dios

Para el hombre de mi vida

Un regalo para mi padre

Para un hombre de éxito

Un regalo para mi hijo

De parte de papá y mamá

Con el cariño de la abuela

Dios te conoce

Tu Primera Comunión

La maravilla de los bebés

Nacimos para estar juntos

Gracias por tu amor

Ámame siempre

Poemas para enamorar

Vocación de curar

Si has perdido a alguien que amabas

SP·

9.95

10-11-02